クリアファイルの切り抜き型で作る

羊毛フェルト
動物ブローチ

のそ子

講談社

Contents

本書の動物たちは3タイプ　　　　　　　　　　　　　　　P.4

Type 1 ｜ 1段土台の動物

ブルテリア
作品▶P.6　how to make▶P.32

ダルメシアン
作品▶P.6　how to make▶P.34

ヒナ　親
ペンギン
作品▶P.7　how to make▶P.66

セキセイインコ、オカメインコ
作品▶P.8　how to make▶P.36

スズメ
作品▶P.9　how to make▶P.67

棒くわえ　パーティ帽
バセットハウンド
作品▶P.10　how to make▶P.40

ウシ
作品▶P.11　how to make▶P.68

ブタ
作品▶P.11　how to make▶P.41

ヒツジ
作品▶P.12　how to make▶P.38

Type 2 ｜ 2段土台の動物

サバ柄　ヒツジ猫

平面猫
作品▶P.13　how to make▶P.42

プードル (頭・体分割タイプ)
作品▶P.14　how to make▶P.44

笑顔　しょんぼり

柴犬
作品▶P.16　how to make▶P.46、48

パグ
作品 ▶ P.17　how to make ▶ P.49

サビ猫　ヒマラヤン
└─ 長毛猫（頭・体分割タイプ）─┘
作品 ▶ P.18　how to make ▶ P.70

マヌル猫（頭・体分割タイプ）
作品 ▶ P.19　how to make ▶ P.50

Type 3 ｜ 3段土台の動物

フレンチブルドッグ
作品 ▶ P.20　how to make ▶ P.54

└──── くわえ猫（頭・おやつ分割タイプ）────┘
作品 ▶ P.21　how to make ▶ P.64

└──── 豊満猫 ────┘
作品 ▶ P.22　how to make ▶ P.56

ライオン　ウサギ　ノーマル　雷
└──── 不本意猫 ────┘
作品 ▶ P.24　how to make ▶ P.58

ふっくら　ほっそり
└─ メンフクロウ ─┘
作品 ▶ P.26　how to make ▶ P.60

トラ
作品 ▶ P.27　how to make ▶ P.62

材料と道具 ……………… P.28　　基本テクニック ……………… P.30　　実物大型紙 ……………… P.72〜79、前見返し、後ろ見返し、本体表紙

本書の動物たちは3タイプ

型紙に合わせてブルーのクリアファイルをくり抜き、羊毛を刺しつけて土台を製作します。
土台の作り方や材料、基本テクニックなどは、P.28〜31を参照してください。
土台は1段〜3段の3タイプがありますが、3段だから難易度上がるというわけではありません。
土台を2段、3段にすることで、立体感を出しやすくなります！　この本では、段別に動物を分けて紹介しました。

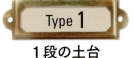

1段の土台

2段の土台

3段の土台

Type 1 | 1段土台の動物

ブルテリア　how to make▶P.32　型紙▶P.72
ダルメシアン　how to make▶P.34　型紙▶P.72

1段でも、厚みをつけることで立体的な仕上がりに。
ドッグランでありったけのボールを拾ったダルメシアン。
ボール部分を作ってから口元をかぶせるのが上手に作るコツ。

Type 1 / 1段土台

ペンギン(ヒナ、親) how to make▶P.66　型紙▶P.72、73

親は手前に来る足に厚みをつけることで、歩行の様子を表現。
ヒナは羽を刺しつけてから羽毛をV字植毛する。

Type 1
1段土台

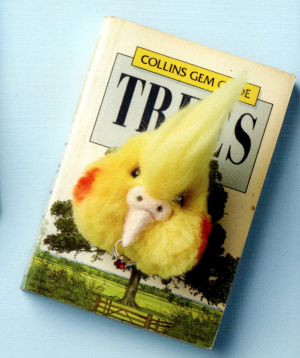

セキセイインコ、オカメインコ how to make ▶P.36 型紙▶P.73

光るものが大好きないたずらっ子のインコが指輪をゲット！
土台が頭・両頬と円が3つくっついた形なので、
頭・頬のどこに植毛しているのか意識しやすく作業がわかりやすい。

Type 1 / 1段土台

スズメ　how to make▶P.67　型紙▶P.73

冬場の毛をふくらませたスズメを表現。
P.8のセキセイインコ、オカメインコと同じ手法を用いた全身タイプ。

Type 1
1段土台

バセットハウンド（棒くわえ、パーティ帽） how to make▶P.40 型紙▶P.74

耳をたたんでから刺しつけることで、バセットハウンドらしいフォルムを表現。
棒ははさみで口元に穴を開けてから挿し込むだけなのでカンタン。

Type 1

1段土台

ウシ how to make▶P.68 型紙▶P.74 **ブタ** how to make▶P.41 型紙▶P.74

いずれも平面的な土台だけど、ブタはアゴ下を刺しつけることで、
肉づきを表現。ウシのチェーンは丸カンでつけてピアス風に。

11

Type 1
1段土台

ヒツジ how to make▶P.38　型紙▶P.75

角はモールを曲げながら刺し固めていくのがコツ。
毛はスカードの粒をつぶさないように刺しつけていくと毛の質感が表現できる。

Type 2 | 2段土台の動物

平面猫（サバ柄、ヒツジ猫）　how to make▶P.42　型紙▶P.75

サバ柄（左）の柄は、いっぺんに入れようとせずに、下地を着色した上から入れると作りやすい。ヒツジ猫（右）のかぶりものは、P.12のヒツジと同様に行う。

Type 2
2段土台

プードル（頭・体分割タイプ） how to make▶P.44 型紙▶P.76

Type 2
2段土台

ふわふわの毛は、植毛カールをほぐしたものを少しずつ刺しつけていくことで表現できる。
頭と体を分割してつけられるので、首をかしげさせたり様々なニュアンスが楽しめる。

Type 2
2段土台

柴犬(笑顔、しょんぼり) how to make▶P.46、48　型紙▶P.76、77

せっかくおでかけだと思ったのに、なんと行き先は動物病院。
耳、目、口元で柴犬の感情の起伏を表現。

Type 2
2段土台

パグ　how to make▶P.49　型紙▶P.77

シワを1パーツずつ作ることで、むっちりとした立体感ある質感に。
白目を内側に少し刺しつけることでパグならではの愛らしい視線に。

Type 2
2段土台

長毛猫（頭・体分割タイプ） how to make ▶P.70　型紙▶P.78

サビ猫（左）の羊毛混色は、黒を多め、茶を多めなど、
ところどころ混色の割合を変えるとリアルな仕上がりに。

マヌル猫（頭・体分割タイプ） how to make▶P.50 型紙▶P.79

頬やしっぽの柄は、ガイドラインを描いておくことで、
植毛の色が混ざらずに刺し分けられ、くっきりとキレイに仕上がる。

Type 3 | 3段土台の動物

フレンチブルドッグ
how to make▶P.54　型紙▶前見返し

下アゴを少し低く作ることで、厚みはなくても立体感が出る。
土台で作ったシワを消さないよう、意識しながら着色していく。

Type 3
3段土台

ちくわ

シャケ

マグロ

くわえ猫 (頭・おやつ分割タイプ) how to make ▶P.64　型紙 ▶前見返し

おやつをくわえた形状なので、下アゴがないデザイン。
口元の厚みより、おやつの厚みを薄く作るとくわえたように見える。

Type 3
3段土台

豊満猫
how to make ▶ P.56　型紙 ▶ 前見返し

土台、マズル、鼻の段差を作ることで一見平面的に見える顔立ちに立体感が出る。
プリーツレースはフェルトの裏面から縫いつける。

Type 3

3段土台

つぶった目は、ニードルで刺して溝を作ってから黒で着色して仕上げる。
表情や柄はお好みで変えてみて。

Type 3
3段土台

ライオン

不本意猫

how to make▶P.58　型 紙▶本体表紙

不機嫌な表情は目の上半分を隠して、
おでこを少し高めに作るのがコツ。
たてがみは外周より内側を短く刺しつけると立体的に。

Type 3
3段土台

ウサギ　　　　　　　　ノーマル　　　　　　　　雷

飼い主の都合でかぶりものをかぶされてご機嫌斜め。
ノーマルタイプのみ猫耳がある。ウサギはかぶりものと
顔の段差を意識して刺しつけ、雷は角をつけてから植毛をする。

Type 3
3段土台

メンフクロウ

how to make ▶P.60　型紙▶後ろ見返し

全身、上半身、顔を3段に
分けることで立体感を表現。
顔はふっくらタイプ（左）は平面的に、
ほっそりタイプ（右）は
中央が高くなるように作る。
足先は少量の『わたわた』を
丁寧に刺しつけるとリアルに。

トラ

how to make ▶ P.62　型紙 ▶ 後ろ見返し

柄は片側をまとめて作らずに、
左・右1対ずつ作っていくと
左右対称にしやすい。

材料と道具

材料

①   ②   ③   ④   ⑤   ⑥   ⑦   ⑧

①ニードルわたわた
ふくらみのあるわた状の羊毛。まとまりやすいので、作品の土台に使用。本書では(310)を使用。

②フェルト羊毛ソリッド
はっきりした色のスタンダードタイプ。混色して使用する場合もあり。

③フェルト羊毛ミックス
同系色のメリノウールをミックスした、ニュアンスのある色調が表現できる羊毛。

④ナチュラルブレンド
使いやすいナチュラルなカラーで、短めの繊維と粗い風合いは動物作品の製作に最適。

⑤フェルティングヤーンループ
ループのある糸状になっている羊毛。ニードルで刺しつけると、カールしたモコモコの風合いに仕上がる。

⑥カラースカード
羊毛そのもののカールが特徴。モコモコした表情作りに最適。

⑦植毛カール
自然なウェーブを表現できる植毛用。カーリーヘア、ウェービーヘアに仕上げるときなどに使用。

⑧植毛ストレート
繊維がそろいやすく絡みにくいので、自然なボリュームとストレートな質感を表現するときに使う植毛用。

● ①〜⑧全て/ハマナカ(株)
http://hamanaka.co.jp/

※レシピに記載してある羊毛の分量は目安です。全部きっちりと使い切らなくて大丈夫です。

副資材

アイパーツ
①キャッツアイ、②ソリッドアイ、③クリスタルアイ。
※足部分を適度な長さにカットして接着剤でつける。
※アイ周りを刺す際にぶつかると針が折れるので注意する。

鼻パーツ(ハマナカ)
『ドッグノーズ』は8mmと10mmタイプがあり、色は黒、茶がある。足部分を適度な長さにカットして接着剤でつける。

ビーズ類
ヒツジ(黄6mm)、ペンギン、マヌル猫(黒1mm)、スズメ(濃いグレー2mm)の瞳に使用。
豚のネックレスは(パール6mm)を使用。パグの牙は長めの白ビーズを使用。

用具

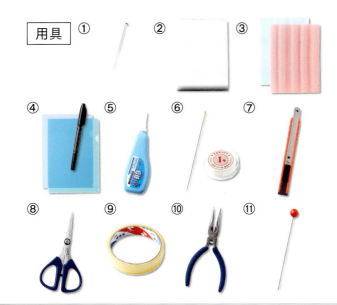

①フェルティングニードル
先端に小さなギザギザがついたフェルティング専用の刺し針。本書では「極細」を使用。

②フェルティングマット
ニードルの突き刺しを受け止めるマット。ニードルの折れや曲がりを防止し、作業を安全に行うのに必須。使いやすい大きさに切って使用。

③カラーマットカバー
フェルティングマットの上に重ねて使う、色つきのマットカバー。羊毛が白や薄い色のとき見えやすい。

④クリアファイル、油性ペン
型用。型を写す、反転が簡単で便利。透明でも色つきでも構わない。油性ペンは植毛のガイドラインにも使用。

⑤ホビー用接着剤
布フェルトやアイパーツ類を接着するのに使用。

⑥縫い針、テグス
ビーズ、ブローチピン、耳などのパーツを縫いつけるのに使用。

⑦カッター
クリアファイルを切り抜く際に使用。

⑧はさみ
羊毛、布フェルトのカットに使用。

⑨セロファンテープ
布フェルトと型を固定するときに使用。

⑩ペンチ
アイパーツの足やモールのカット、モールを曲げる作業に使用。

⑪待ち針 仮り留めや印つけに使用。

ブローチピン
作品により色、サイズを選ぶ。本書では幅20〜35mmを使用。

布フェルト
作品を補強するブローチ土台して使用。仕上げ段階で輪郭にそって切り落とすので、色は好みのものでOK。本書では厚さ1mmを使用。

モール
ヒツジの角など、羊毛だけでは成形しづらい形を作る際の芯として使用。

基本テクニック

羊毛の準備 本書で使っている羊毛フェルトの準備方法、レシピの単位表記

ニードルわたわた

柔らかいシート状にまとまっている。袋から出したら平らに広げ、指定のサイズにカットする。

羊毛フェルト

羊毛の束を手でさいて2等分する。本書の羊毛フェルト使用量は½束が基本。

½束の羊毛フェルトから指定の長さ分をカットする。

植毛カール

黒い糸

1mほどカットし、形状保持用の黒い糸2本を引き抜き、指定の長さにカットする。

羊毛のほぐし方・混ぜ方、着色方法

少量の羊毛を取り分け、繊維の方向にちぎってほぐす。複数の羊毛を混ぜ合わせるときも同様に行う。

着色するときは、繊維の方向が交差するように重ね、ちぎってほぐすことを繰り返し、薄いシート状にまとめて使う。

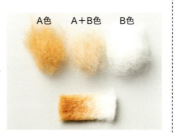

A色　A+B色　B色

自然なグラデーションを作るには、A色→A+B色→B色というように間に混色した羊毛をはさむとよい。

植毛カールは糸状にまとまった状態になっているので、少しほぐして1回分の植毛の分量を取り分けて使う。

土台の作り方

型を切り抜く

クリアファイルに油性ペンで型紙を写す。クリアファイルの四隅は羊毛が引っかからないように丸くカットする。

型紙の太線部分でくり抜き、セロファンテープで布フェルトに固定する。

型枠内にわたわたを刺す

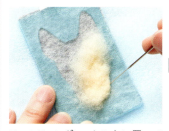

フェルティングマットの上に置いてわたわたを少量ずつ型の端から刺しつけ、土台を刺し固めていく。

1段土台のできあがり

同じ1段の土台でも上記のように厚みがあるもの、平面的なもの、植毛をするものなど様々ある。

2段土台の場合

1段目の土台と2段目のマズル部分を2段階で重ねた土台にすることで、目的の形がイメージしやすくなる。

3段土台の場合

1段目の土台、2段目のマズル＋目周り、3段目の鼻で型を分ける。3段目は2段目をくりぬいたものを使用。

段差ごとに型を変えているので、立体の形状ポイントがわかりやすい。

〈土台別基本の作り方〉1段土台の動物

Type 1
ブルテリア（厚みある土台）　材料 P.65参照　型紙 ▶P.72

作り方

型を作る →

① クリアファイルをカットして、型紙の上にのせ、油性ペンで輪郭と目鼻など細部を写す。クリアファイルの四隅は羊毛が引っかからないよう丸くカットする。

② 型紙の太線部分でくりぬき、セロファンテープで布フェルトの上に固定する。

土台を作る →

③ ②をフェルティングマットの上に置き、わたわたを少量ずつ型の端から刺しつける。

④ はみでる部分は指で型枠内に折り畳んで刺し固める。型崩れ防止のため、輪郭部分はしっかりと刺し固めておく。

⑤ わたわたを少量ずつ刺しつけ、刺し固めながら厚みと形を作る（厚みはP.72型紙横顔を参考に）。

着色する ※見やすくするため土台を茶色で説明

⑥ ほぐしてシート状にまとめた（P.30参照）(白)を土台にのせ、軽く押さえて浅くまんべんなく刺し、土台に密着させる。これを繰り返し全体を着色。

血色

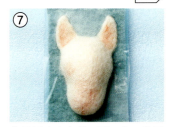

⑦ 作品写真を参考に耳の中、鼻周り、目周りを(ピンク)で着色する。

目

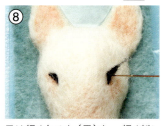

⑧ 目は軽く丸めた(黒)を、軽く刺しつけながら形作る。左右対称の三角形にするとブルテリアらしくなる。

Type 1 / 1段土台

鼻(柄)→

⑨ 鼻先や柄は軽く丸めた(黒)を浅く刺しながら形作る。

舌を作る(耳・羽も同様)

⑩ 型よりはみだすようにほぐした毛をかぶせ、型内側部分を浅くまんべんなく刺す。

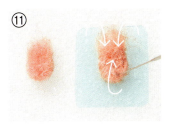
⑪ 刺し固めたらはみ出た毛を内側に折り返してさらに刺し固める。舌のつけ根はのりしろになるのでボサボサのまま残す。

型から外す→

⑫ 型を外して、舌のボサボサ部分を布フェルトと本体に刺しつけ、接着する。

⑬ 浮いている毛がないよう全体を浅く刺して整える。

ブローチ加工→

⑭ 裏面用の布フェルトに写真のように切り込みを入れ、ブローチピンを挿す(縫いつけてもよい)。

⑮ 本体裏側に接着剤を塗り、貼りつける。※裏側に毛がとびだしすぎているようならはさみでカットしてから接着する。

仕上げ

⑯ しっかり接着したら余分なフェルトを切り落として完成。

33

Type 1
ダルメシアン 型紙 ▶P.72

[材料]

[土台]
- 布フェルト…7×6㎝ 2枚
- ハマナカニードルわたわた…10×10㎝

[アイパーツ]
- ソリッドアイ 黒（4㎜）…2個

[着色]
- ハマナカフェルト羊毛ソリッド
  白（001）…5㎝を½束（全体）
  黒（009）…少量（柄・鼻）
- ナチュラルブレンド
  ピンク（814）…極少量（血色）

[耳]
- ハマナカフェルト羊毛ソリッド
  白（001）…3㎝を½束（全体）
  黒（009）…少量（柄）

[ボール着色]
- ハマナカフェルト羊毛ソリッド
  黄（060）…少量（全体）
  白（001）…極少量（柄）

作り方

型・土台を作る

① 型を作ったら土台を作り（P.32参照）、アイパーツを接着剤で接着する（P.57参照）。

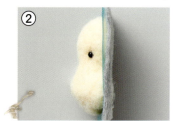
② 目が不自然に飛び出ているようなら、目周りにわたわたを足し、さらに厚みをつけ、横向きの型紙を参考に頭部全体の形を立体的に整える。

ボールを作る

③ ボール3つが重なるような形に刺し固める。

④ ボール部分に着色する（P.32参照）。後から口をかぶせるので、（黄）がはみ出ても大丈夫。

Type 1 1段土台

| | 口を作る | 着色　全体 | 血色 |

⑤ 細くよった（白）を刺しつける。

⑥ ボールの上に少しはみだすようにわたわたを少量ずつかぶせて刺し固め、口を作る。

⑦ 頭全体を（白）で着色する。地の色が透けなければOK。

⑧ 鼻周りを（ピンク）で着色し、血色をよくする。

| 柄・鼻 | | 耳をつける | ブローチ加工 |

⑨ 鼻や柄は毛を軽く丸めた（黒）を浅く刺しつけながら形作る。

⑩ ボールをくわえた口の横アップ。

⑪ 耳を作る（P.47参照）。まずは耳の内側から頭部に刺しつけて接着する。

⑫ 接着した耳を折りたたみ、外側からも刺しつけて、型を外す（P.39参照）。ブローチ加工する（P.33参照）。

Type 1
セキセイインコ、オカメインコ

作り方　**材料** P.67参照　**型紙** ▶P.73

2色　　1色　　1色　　オカメ

型・土台を作る →

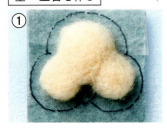

① クリアファイルで作った型（P.32）をフェルティングマットの上に置き、わたわたを半球のドーム型になるよう刺し固める。

くちばし・鼻 →

② （水色）を巻いて丸め、巻き終わりを刺し留め、全体を均一に刺し固めて鼻部分を作る。

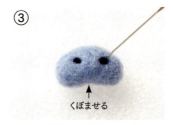

③ くちばし接着部分を刺してくぼませ、小さく丸めた（黒）を型紙を参考に鼻の穴に刺しつける。

くぼませる

④ （薄黄）を巻いて丸めて刺し固めてくちばしを作る。

→

⑤ 鼻→くちばしの順で形を崩さないように土台に刺しつける（縫いつけてもよい）。

目をつける（刺し目）

⑥ 型紙を参考にしながら目の位置を決め、はさみなどで土台に小さな穴を開け、接着剤を注入し、アイパーツをつける。

植毛のガイドラインを描く →

⑦ セキセイインコ／1色

植毛の色分け（頬の模様）のガイドラインをペンで描いておく。

セキセイインコ／2色

2色インコは、センターにもガイドラインを描く。

Type 1　1段土台

V字植毛

オカメインコは、頬と額にガイドラインを描く。

⑧ 植毛用羊毛を2cmにカットしV字植毛（P.53）で頭部に植毛する。

⑨ 頭を植毛し終えたらさみで軽くトリミングしておく。目の周りを刺し固めて目が見えるように整える。

⑩ 頬を植毛する。ガイドラインにそって、模様を（黒）で植毛する。

仕上げ

植毛が完成したところ。

⑪ オカメインコは○部分は植毛しないでおく。

⑫ 冠羽植毛用（黄）を少量ずつ先端を軽くよって額部分に植える。目周りを（グレー）で着色する。

⑬ 植え終わったらはさみで毛をカットし、くちばしにリングを縫いつける。ブローチ加工（P.33）して完成。

Type 1
ヒツジ
材料 P.68参照

作り方

→ 角を作る →

①
モール先端の片方は輪にし、もう片方は万が一飛び出した時危ないため折り曲げておく。

②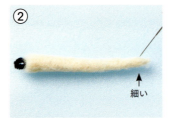
①にわたわたを刺しつけて固める。先端が細くなるようにする。

③
②の先端から（薄茶）を少しずつ巻きつけて刺し、着色する。モールは着色した分ずつ曲げながら、刺し固めていく。

④
角の筋模様は、刺してくぼませて作る。左右対称になるよう2個作る。

角をつける
⑤
型を固定した布フェルトに角（モールの輪部分）を縫いつける。

土台を作る
⑥
モールの上にわたわたをかぶせて土台を作る（P.32）。ニードルを角の芯になっているモールに刺すと針先が折れるので、注意して行う。

目を縫いつける（ビーズ）
⑦
型紙を参考にしながら目の位置を決め、刺してくぼませ、ビーズを縫いつける。目周りにわたわたを刺しつけて目の形を調整する。

着色する
⑧
全体を（白）、目頭、鼻周りの血色を（ピンク）で着色する（P.32）。

Type 1 / 1段土台

型を外す

⑨ クリアファイルの型を後ろ側に引っぱり、外す。型をはさみで切って外してもよい。

植毛

⑩ 型紙を参考に布フェルトに植毛のアウトラインを描く。

⑪ 布フェルト面にスカードを、粒をつぶさないように根元を刺しつけ、植毛する。

⑫ 頭部の植毛のガイドラインを描く。

⑬ ガイドラインよりはみ出すよう頭部に植毛する。

仕上げ

⑭ ブローチ加工して完成 (P.33)。
※本体裏側に接着剤を塗る際は、植毛した部分にもしっかりと塗布する。

植毛の仕方

スカード

粒をつぶさないように、根元を刺しつけていく。

フェルティングヤーンループ

糸をループ状にし、根元を刺しつけてモコモコ感を出す。

Type 1

バセットハウンド（Ⓐ棒くわえ、Ⓑパーティ帽） 型紙 ▶P.74　類似作品 P.6『ダルメシアン』

[材料]
[土台]
・布フェルト…7×6cm 2枚
・ハマナカニードルわたわた…10×10cm
[アイパーツ]
・ソリッドアイ　黒（6mm）…各2個
[飾り]
・棒、折り紙で作ったパーティ帽など

[Ⓐ着色]
・ハマナカフェルト羊毛ソリッド
　白（001）…極少量（アイライン）
　黒（009）…極少量（アイライン・鼻）
・ナチュラルブレンド
　オフ白（801）…5cmを½束（全体）
　茶（808）…3cmを½束（柄・鼻周り）
[耳]
・ナチュラルブレンド
　茶（808）…15cmを½束

[Ⓑ着色]
・ハマナカフェルト羊毛ソリッド
　白（001）…極少量（アイライン）
　黒（009）…極少量（アイライン・鼻）
・ナチュラルブレンド
　オフ白（801）…5cmを½束（全体）
・ミックス
　茶（220）…3cmを½束（柄・鼻周り）
[耳]
・ミックス
　茶（220）…15cmを½束

\ Point /

[作り方]
①型を作り、わたわたを刺し固めて土台を作る（P.32参照）。アイパーツを接着し、目周りにわたわたを足して目の形を作り（P.57参照）、頭部全体の形を立体的に整える。
②全体を（オフ白）で着色（P.32参照）、その上から濃い部分や柄を着色。丸めた（黒）を刺しつけて鼻を作り（P.33参照）、アイラインも着色していく。

〈着色の順番〉
ベース（オフ白）→鼻周り（オフ白＋茶）→目周りの柄（茶）→鼻周りの点々柄（オフ白＋茶を軽く丸めて刺しつける。）ⓐ→鼻（黒）、アイライン（白、黒）。

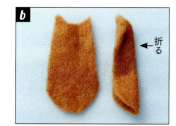

③耳を作り（P.33参照）、耳は折っておく。ⓑ
④折ったままの状態で頭部に刺しつけて接着するⓒ。接着部分つなぎ目に同色の毛を刺しつけてなじませる。
⑤棒をくわえさせる場合ははさみなどで穴を開けて棒を通し、再び刺し固めて形を整えるⓓ。（棒にニードルがぶつからないよう注意して刺すこと）
⑥もう1枚の布フェルトにブローチピンを取り付け、本体裏の布フェルトに接着し、余分なフェルトをカットして整えて完成（P.33参照）。

Type 1
ブタ　型紙 ▶P.74　類似作品 P.7『ペンギン親』、P.11『ウシ』

材料

[土台]
- 布フェルト…7×8cm 2枚
- ハマナカニードルわたわた…10×10cm

[アイパーツ]
- ソリッドアイ　黒（4mm）…1個
- つけまつげ…適当な幅に切っておく

[飾り]
- ビーズ　パール（6mm）…10個

[着色]
- ナチュラルブレンド
  オフ白（801）…少量
  ピンク（814）…10cmを½束
- ハマナカフェルト羊毛ソリッド
  黒（009）…極少量（目頭）

[耳]
- ナチュラルブレンド
  オフ白（801）…極少量
  ピンク（814）…少量

作り方

①型を作り、わたわたを刺し固めて厚さ5mmの土台を作る（P.32参照）。アイパーツを接着し、目周りにわたわたを足し目の形を作る（P.57参照）。
②部分的に厚みをつけ形を整える **a**。
③全体を（オフ白＋ピンク）着色（P.32参照）。着色しながらニードルを刺して溝を作り肉づきを表現 **b**。丸めた（ピンク）で鼻を作り刺しつける（P.33参照）。よった（ピンク）を口に刺しつける。目頭に（黒）を刺しつける。目の部分に接着剤をつけたつけまつげを挿し入れ、接着。
④耳を作り（P.33参照）、たたんで刺しつけて接着する **c**。接着部分つなぎ目に同色の毛を刺しつけてなじませる。
⑤型から外してビーズを縫いつけ、玉止めはブローチ加工時切り落とされないよう本体側にする。
⑥もう1枚の布フェルトにブローチピンを取り付け、本体裏の布フェルトに接着し、余分なフェルトをはさみでカットして完成（P.33参照）。 **d**

\ **Point** /

a
※わかりやすいように色を変えて説明

b

c

d

2段土台の動物

Type 2
平面猫（サバ柄、ヒツジ猫） 型紙 ▶P.75

材料 共通材料…★ サバ柄猫のみ…サ ヒツジ猫のみ…ヒ

サバ柄　　ヒツジ猫

[土台]
- ★布フェルト…7×7cm2枚
- ★ハマナカニードルわたわた…10×10cm

[アイパーツ]
- ★クリスタルアイ　ゴールド（9mm）…各2個

[着色]
- ハマナカフェルト羊毛ソリッド
- ★白（001）…5cmを½束
- ★黒（009）…極少量
- サ濃グレー（055）…極少量
- ヒ濃グレー（055）…5cmを½束
- ハマナカフェルト羊毛ミックス
- サグレー（210）…5cmを½束
- ナチュラルブレンド
- ★ピンク（814）…少量

[ヒツジかぶりもの]
- モール…5cm2本（角土台）
- ハマナカニードルわたわた…5×5cm（角土台）
- ミックス
  薄茶（211）…6cmを½束（角着色）
- カラースカード
  白（611）…3g※（かぶりもの植毛）

※注：細切れの毛糸のようにつぶつぶしているので長さで計れないためグラム表記

｝ヒのみ

作り方

| 土台を作る | 1段目 | 耳を作る | 目をつける（刺し目） | 2段目 | マズル |

① 土台を作る

型（P.32）をフェルティングマットの上に置き、わたわたを少量ずつ型の端から約5mm厚で刺し固める。

② 1段目

かぶりものがないサバ柄猫は耳も作っておく（耳部分は薄めに）。

③ 目をつける（刺し目）

型紙を参考にしながら目の位置を決め、アイパーツをつける（P.57参照）。

④ 2段目

丸めて軽く刺し固めたわたわたを刺しつけてマズル部分を作る（平面猫なので厚くしすぎないよう注意）。

※見やすくするため、マズル部分をグレーで説明

Type 2 / 2段土台

——土台→

⑤

2段め土台を厚さ5mmで刺し固め、目周りもわたわたを刺しつけ、まぶたを作る。※ニードルをアイに刺すと針が折れるので注意。
※見やすくするため、2段目を茶色で説明

着色———全体→

⑥

サバ柄猫は、全体を(白)でシワの溝をつぶさないように着色する(P.32参照)。ヒツジ猫は(白)→(グレー)の順で着色する。

——柄→

⑦

サバ柄猫は、顔の上半分を(グレー)で着色し、その上から(濃いグレー)を少しずつ刺しつけて柄を作る。

——血色・アイライン→

⑧

耳や口元、鼻周りの血色を(ピンク)、アイラインを(黒)で着色する。

——鼻をつける→

⑨

丸めた(ピンク)を刺しつけ鼻を作る。

ヒツジのかぶりものを作る————→

⑩

←モール

型を外す。ヒツジ猫は角パーツを作り(P.38)本体に縫いつける。
※分かりやすいように白いモールで説明。

⑪

スカードで植毛する(P.39参照)。

ブローチ加工

⑫

ブローチ加工をする(P.33参照)。

Type 2
プードル（頭・体分割タイプ）

材料 P.69参照　型紙 ▶P.76

作り方

| 土台を作る | 1段目 | 2段目 | V字植毛 |

①

植毛のアウトラインも描いた型をフェルティングマットの上に置き、厚さ25mmの1段目の土台を作る。

②

位置、大きさが不安な場合はマズル部分を切り抜いた型をあてがい、2段目を約25mmの厚さで刺し固める。
※わかりやすいように2段目を茶色で説明

③

わたわたを足して刺しつけ、自然な形にする。刺し目を接着する（P.36参照）。鼻先を（茶）で着色し、よった（黒）を刺しつけて口を作る。

④

5cmにカットして軽くほぐした植毛カールをV字になるよう、毛束の中央を刺しつける。

⑤

抜けないようしっかりと刺しつけたら、補強のため両側からも根元を刺しつける。

| 目を見せる |

⑥

1周植えていく。

⑦

内側にもう1周植える。これを5周ほど繰り返し、鼻周り以外を植毛する。

⑧

目の周りを刺し固め、目が見えるようにする。毛が多すぎる場合は目の周りを軽くカットする。

Type 2 2段土台

鼻周りの植毛

⑨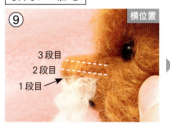

1段目3cm、2段目4cm、3段目5cmにカットしてほぐした植毛カールの端を刺しつけて植えていく。
※わかりやすいように白で植毛

鼻の正面に2cmにカットしてほぐした植毛カールを植えて、口が見える長さにカットする。

鼻・舌をつける

⑩

鼻の位置にはさみで穴を開け、穴に接着剤を流し入れ、鼻パーツを挿す。舌を刺しつけて接着する（P.33参照）。

トリミング

⑪

型の植毛アウトラインを参考にして毛をトリミングしてから、型から外し（P.39参照）、ブローチ加工する（P.33参照）。

体を作る

⑫

型を作り、土台を刺し固める。足部分よりも胸部分を厚くする。

体の植毛

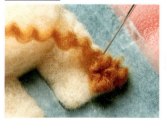 

長めにカットし、軽くほぐした植毛カールを刺して植える（P.39参照）。

毛のカールをつぶさないよう、ループ状にし、根元を刺すのがコツ。

仕上げ

⑬

型から外し、ブローチ加工する（P.33参照）。

45

Type 2
柴犬（笑顔）　材料 P.48参照　型紙 ▶ P.77
作り方

| 土台を作る | 1段目 | 2段目 | 補正 |

①
型をフェルティングマットの上に置き、わたわたを少量ずつ型の端から約25mm厚さで刺し固める（P.32参照）。

②
位置、大きさが不安な場合はマズル部分を切り抜いた2段目の型をあてがい、約25mmの厚さで刺し固める。

横からみた図。
※見やすくするため、2段目を茶色で説明

③
少量のわたわたを足しながら、段差なく、自然な形になるよう刺し固める。
※見やすくするため、足したわたわたをグレーで説明

④
土台の完成。

目をつける（刺し目）
⑤
型紙を参考に目の位置を決め、はさみで穴を開け、接着剤を穴に入れてアイパーツをつける。目周りにわたわたを足して目の形を作る（P.57参照）。

着色（全体）
⑥
土台全体を（白）で着色し（P.32参照）、その上に（薄茶）→（薄茶＋茶）の順で自然なグラデーションになるように着色する（P.30参照）。

アイライン
⑦
目頭、目尻に（黒）を刺しつけて目の形を整える。アーモンド形にするとリアルな目元になる。

口を作る

⑧ ニードルで刺してくぼませ、口を開ける。

⑨ 口の中を（黒）で着色する。

鼻・鼻下を作る

⑩ 鼻の下は（白＋黒）を混色したもので着色し、その上に丸めた（黒）を刺しつけて鼻を作る。

耳を作る

⑪ 耳を作る（P.33舌を作る参照）。耳の上に（白）をのせ、耳内側部分を浅く刺し、はみ出た毛を内側に折りたたみ刺し固める。

⑫ できたパーツを厚紙ではさみ、側面を刺し固めるときれいに仕上がる。

耳をつける

⑬ 耳の位置を決めたら、待ち針で仮り留めする。ニードルで刺しつけて接着する。つなぎ目は同色の毛をかぶせて刺し、なじませる。

舌をつける

⑭ 舌を作り（P.33参照）、口の中に刺しつける。

仕上げ

⑮ 土台の布フェルトにバンダナをテグスで縫いつけて、ブローチ加工（P.33参照）をして完成。

Type 2

柴犬（笑顔、しょんぼり）

←エリザベスカラー

材料 柴犬笑顔のみ…Ⓐ　しょんぼり柴犬のみ…Ⓑ

[土台]
布フェルト…6×6cm2枚
ハマナカニードルわたわた…10×15cm

[着色]
・ハマナカフェルト羊毛ソリッド
　白（001）…10cmを½束
　黒（009）…3cmを½束
・ナチュラルブレンド
　薄茶（807）…3cmを½束
　茶（808）…3cmを½束

[耳]
・ナチュラルブレンド
　薄茶（807）…少量
　茶（808）…少量
・ハマナカフェルト羊毛ソリッド
　白（001）…少量

[舌]
・ナチュラルブレンド
Ⓐピンク（814）…少量

[アイパーツ]
・ソリッドアイ　黒（4mm）…各2個

[飾り]
Ⓐバンダナ用布…1枚
Ⓑクリアファイル…15×15cm

柴犬（しょんぼり）

作り方　**型紙** ▶P.76　※基本は『柴犬笑顔』と同じ。相違点のみ下記参照。

〈しょんぼり目〉
目頭、目尻に（黒）を刺しつけて、**a** のように目の形を整える。

〈しょんぼり口元〉
口角を下げる位置で刺してくぼませ、口の形を **b** のように作る。

〈しょんぼり耳〉
耳を伏せた位置で接着する。**c**

〈エリザベスカラー〉
①クリアファイルで直径15cmの円を作る。
②中心を直径8cm切り抜き、切り込みを入れる。
③適当な位置をテープやハトメで留め、余りは切る。
④使用する際は、エリザベスカラーに柴犬ブローチを重ねて装着する **d**。

\ **Point** /

Type 2

パグ

型紙 ▶P.77　類似作品 P.20『フレンチブル』

[材料]

[土台]
- 布フェルト…7×8cm 2枚
- ハマナカニードルわたわた
　…10×15cm

[着色]
- ハマナカフェルト羊毛ソリッド
　白（001）…15cmを½束
　黒（009）…極少量
- ナチュラルブレンド
　濃グレー（806）…5cmを½束
　ピンク（814）…極少量

[アイパーツ]
- クリスタルアイ　ブラウン（7.5mm）…2個

[牙パーツ]
- 長めの白ビーズ（5mm）…1個

作り方

①クリアファイルで1段目、2段目の型を2つ作り切り抜いておく **a**、1段目を布フェルトに固定し、厚さ5mmの土台を作る（P.32参照）。（耳部分は薄くする）。**b**
②土台に2段目の型をあて、シワの形を作りながら刺し固める **c**。アイパーツを接着する **d**。
③シワをつぶさないように各パーツごとに（白）→鼻周り（白＋濃グレー）→口周り・目周り（濃グレー）→耳（濃グレー＋黒）、アイライン（白）、口（ピンク）の順に着色する（P.32参照）。
④丸めた（濃グレー＋黒）を刺しつけて鼻を作る（P.33参照）。
⑤ビーズを縫いつけて牙を作る。
⑥ブローチ加工する（P.33参照）。

\ Point /

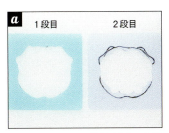

クリアファイルで1段目（左）、2段目（右）の型を作る。

1段目を布フェルトに固定して厚さ5mmの土台を作る。耳部分は薄く作る。

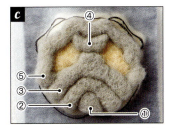

シワ部分は棒状に丸めて軽く刺し固めたわたわたを①〜⑤の順番で刺しつけると左右対称にしやすい。
※見やすくするため、2段目をグレーで説明

目の位置を決め、はさみで穴を開け、接着剤を穴に流し入れ、アイパーツをつける。最後に目周りを埋めると顔のバランスがよくなる。
※見やすくするため、2段目をグレー、目周りを茶色説明

Type 2
マヌル猫（頭・体分割タイプ） 材料 P.69参照 型紙 ▶ P.79
作り方

型を作る

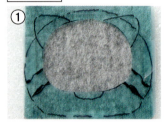

① クリアファイルで作った型（P.32）をセロファンテープで布フェルトの上に固定する。

土台を作る ── 1段目 ── 2段目 ──

①をフェルティングマットの上に置き、わたわたを少量ずつ型の端から5mm厚さで刺しつける。

2段目に丸めたわたわたを刺しつけ、鼻周りが立体的になるように整える。
※見やすくするため、2段目を茶色で説明

混色する

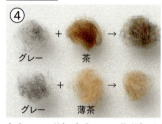

（グレー＋茶）（グレー＋薄茶）をそれぞれ重ねてちぎってほぐし混色する（P.30参照）。

着色 ── 目元・マズル ── 鼻・マズル ── 目 ──

目元は（グレー＋茶）、マズル部分は（グレー＋薄茶）でグラデーションになるように着色する（P.32参照）。

外側寄りは植毛するので着色しなくてOK。

丸めた（ピンク）を刺しつけて鼻を作る。鼻の穴あたりに（黒）、マズルの毛穴部分に（黒）を少量丸めたものを刺しつけ、斑点をつける。鼻下の溝も刺しつける。

目の土台は（黄）で着色する。型紙を参考に、黒目の位置を決めて待ち針を刺しておく

Type 2 2段土台

———ビーズの瞳———　　　———————アイライン———————→　　耳・舌をつける

⑨

黒目部分になるビーズを縫いつける。

⑩

目の周りを囲むように（黒）→（白）の順で着色する。

⑪

左右対称になるように両目を作る。

⑫

耳・舌を作り、刺しつける（P.33参照）。縫いつけてもよい。

寝かせ植毛 ｜ 毛の流れが表現できる刺し方 ————————————————————→

⑬

ペンで柄のガイドを描く。

⑭ 白＋茶　　グレー＋茶

（白＋茶）（グレー＋茶）をそれぞれ5cmにカットし、繊維に沿って混ぜて混色する。

⑮ 短い　長い

毛束を内側が短くなるような位置にあて、---線のラインでしっかり植えるように刺しつける。

⑯

内側の毛束を外側に倒して、再びしっかり刺す。

51

Type 2
マヌル猫 つづき

頭の仕上げ

⑰ 指定の色で輪郭に1周分植毛する。

⑱ さらに内側に1周植えつける。内側に行く毛束ほど長さを短くしていくと立体的になる。

重ねた毛束が毛の流れにみえるよう、毛束の長さや植える位置を調節しながら植毛していく。
※見やすくするため、毛の色を変えて説明

⑲ 目・鼻・マズル部分以外全て植えたら、目の周りを刺し固め、眉毛をつける。

⑳ はさみで毛をカットし、形を整える。顔下は長めに、顔全体は短めにカットするのがコツ。

体を作る　1段目　2段目

㉑ 型にわたわたを刺しつけて5mm厚さくらいの土台を作る。

㉒ 2段目にしっぽの土台を厚さ1cmほど刺しつける。
※見やすくするため、2段目をグレーで説明

㉓ 柄のある箇所はペンでガイドラインを描いておく。

> Type 2 2段土台

体（V字植毛）ふわふわ・もこもこにみせる植毛

㉔ それぞれ3cm長さにカットした（グレー＋茶）を繊維にそって混色し、ひとつまみ取る。

㉕ 取り分けた毛束の中央ラインを刺しつける。

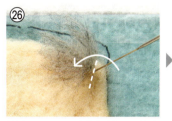
㉖ 補強のため、毛束を倒して左右根元部分も刺しつける。

㉗ 毛束をひとつ植えつけたところ。

㉘ 全体を植毛していく。

㉙ 植毛した胴部分を軽くカットしてからしっぽを植毛すると立体的な段差を作りやすい。

仕上げ

㉚ 植え終わったらはさみで毛をカットし、形を整える。頭、体それぞれをブローチ加工（P.33）して完成。

3段土台の動物

Type 3
フレンチブルドッグ

材料 P.71参照　型紙 ▶ 前見返し

作り方

型を作る

①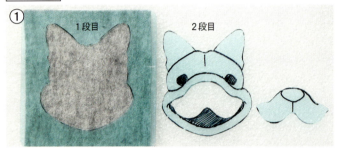

型を作り（P.32参照）、1段目を布フェルトに固定する。2段目は1段目のくり抜いたパーツを使用。※3段目の型紙はなし。④からが3段目作業。

土台を作る ─ 1段目 ─

②

1段目の型にわたわたを刺しつけ、厚さ5mmの土台を作る（耳部分は薄くする）（P.32参照）。

─ 2段目 ─

③

2段目の型をあて、口元に厚さ1cmでわたわたを刺しつけマズルを作る。

─ 3段目 ─

④

2段目完成画像。
※見やすくするため、2段目をグレーで説明

⑤

口の周りにわたわたを足して刺し固めシワを作る。マズルより上は厚さ1cmで刺しつける。
※見やすくするため、シワを茶色で説明

⑥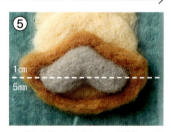

マズルより下は厚さ5mmで刺しつける。

目をつける（刺し目）

⑦

アイパーツをつける。目が飛び出して見えないように、目の周りにわたわたを足して、不自然な段差を埋める（P.57参照）。

Type 3 3段土台

| 着色 | 全体 | 血色・柄 | 鼻・鼻下 |

⑦
高低差のイメージは上写真を参考に。

⑧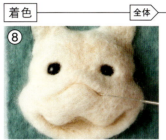
全体を(白)で着色する(P.32参照)。この時土台で作った形やシワをつぶさないように注意する。

⑨
耳と鼻周りを(ピンク)で着色し、血色をよくする。その上から鼻周りとアゴ下を(白+黒)で着色する。

⑩
丸めた(黒)を刺しつけて鼻を作る。シワの間、鼻の下にもよった(黒)を刺しつけて溝を作る。

| アイライン | 口内 | 舌をつける | 仕上げ |

⑪
目頭、目尻に(黒)を刺しつけ目の形を整える(P.46参照)。

⑫
口の中を(黒)で着色する。

⑬
舌を作り刺しつけて接着する(P.33)。

⑭
チェーンをテグスで縫いつけ、ブローチ加工して完成(P.33参照)。

Type 3
豊満猫

材料 P.71参照　　型紙 ▶ 前見返し

作り方

型を作る

①　1段目　2段目　3段目

クリアファイルで型を作る。3段目は2段目のくり抜いたパーツを使用。

土台を作る　　　　　　　　　　　　1段目 ▶

② 1段目の型を布フェルトに固定する。

③ ②をフェルティングマットの上に置き、わたわたで厚さ5mmの土台を作る（耳部分は薄くする）（P.32参照）。

2段目 ▶　　　　3段目 ▶

④ ③の上に2段目の型をあて、厚さ5mmでわたわたを刺しつける。
※見やすくするため、2段目をグレーで説明

⑤ ④の上に3段目の型をあて、厚さ5mmでわたわたを、刺しつける。
※見やすくするため、3段目を茶色で説明

⑥ 3段の土台を作ったところ。

⑦ 段差がなだらかになるように少量のわたわたを足し、自然な立体感になるよう刺し固める。

Type 3
3段土台

飾り襟のつけ方
 頬下フェルトを切る → プリーツは裏から縫いつける → → ブローチ加工

目（刺し目）

⑧ 型紙を参考にしながら目の位置を決める。ニードルで目の位置を刺して、アイパーツ用のくぼみを作る。

⑨ アイパーツのつけ位置の中心をはさみの先端で切り、穴をあける。

⑩ アイパーツを挿して位置を確認し、足が長いようなら足を切る。穴に接着剤を流し入れ、足を挿し込んで接着する。

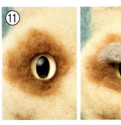

⑪ アイパーツが飛び出して見えないように、目の周りにわたわたを足し→まぶた部分にもわたわたを重ねて目の形を作る。
※見やすくするため、色を変えて説明

全体・柄　　アイライン　　目・鼻下　　飾り襟

⑫ 全体を白で着色してから、耳・鼻周り・下アゴを（ピンク）で着色し、柄を（黒）で着色する（P.32参照）。

⑬ 目の周り、目頭に（黒）を少量ずつ細長くよって、アイラインを刺しつける。

⑭ ウインクしている目はニードルで刺して溝を作り、細長くよった（黒）を刺しつける。鼻の下はニードルで刺しつけて、溝を作る。

⑮ プリーツ部分のみ布フェルトをカットし、フェルトの裏からプリーツを縫いつける（上記写真参照）。ブローチ加工して完成（P.33参照）。

57

Type 3

不本意猫（Ⓐノーマル、Ⓑライオン、Ⓒウサギ、Ⓓ雷）　型紙▶本体表紙　類似作品 P.22『豊満猫』

材料　共通材料…★
[頭土台]　★布フェルト…8×8cm 2枚　★ハマナカニードルわたわた…10×10cm

Ⓐ

[着色]
- ハマナカフェルト羊毛ソリッド
  白(001)…10cmを½束
  黒(009)…極少量
- ミックス
  グレー(210)…5cmを½束
- ナチュラルブレンド
  濃いグレー(806)…極少量
  ピンク(814)…極少量

[アイパーツ]
キャッツアイ　グリーン(9mm)…2個

Ⓑ

[顔着色]
- ハマナカフェルト羊毛ソリッド
  黒(009)…極少量
- ナチュラルブレンド
  オフ白(801)、薄茶(807)
  …各5cmを½束
  茶(808)…少量
  ピンク(814)…極少量
- ミックス
  茶(212)…極少量

[たてがみ植毛]
- ハマナカ植毛ストレート
  ダークレッド(554)…50cmを½束

[アイパーツ]
キャッツアイ　ゴールド(9mm)…2個

Ⓒ

[顔着色]
- ハマナカフェルト羊毛ソリッド
  白(001)…5cmを½束
  黒(009)…極少量
- ナチュラルブレンド
  ピンク(814)…極少量

[ウサギかぶりもの]
- ハマナカフェルト羊毛ソリッド
  ピンク(036)…5cmを½束（頭着色）
  ピンク(036)…10cmを½束（耳）
- ナチュラルブレンド
  ピンク(814)…少量（耳の内側着色）

[アイパーツ]
キャッツアイ　ブルーパール(9mm)…2個

[飾り]
リボン1個

Ⓓ

[顔着色]
- ハマナカフェルト羊毛ソリッド
  白(001)…5cmを1/2束
  茶(030)…少量
  黒(009)…極少量

[雷の角]
- ナチュラルブレンド
  黄(832)…5cmを½束

[雷頭の植毛]
- フェルティングヤーンループ
  ブラウン(003)…150cm

[アイパーツ]
キャッツアイ　ブルーパール(9mm)…2個

〈着色の順番〉
Ⓐノーマル　全体（白）→鼻（ピンク＋濃いグレー）→顔の上半分（グレー）→アイライン（黒）、柄（濃いグレー）
Ⓑライオン　全体（オフ白＋薄茶）→おでこ・頬など濃いところ（薄茶＋茶808）→鼻（ピンク、茶808）
　　　　　　→アイライン（黒）、柄（茶212＋808＋黒）※茶系は混色してグラデーションやニュアンスを出す
Ⓒウサギ　　顔部分のみ（白）→鼻周り、目頭（ピンク814）、アイライン（黒）→ウサギかぶりもの（ピンク036、814）
Ⓓ雷　　　　顔部分のみ（白）→鼻周り（茶030）→アイライン（黒）

Type 3
3段土台

作り方

型を作る（ノーマル猫で説明）

① 1段目　2段目　3段目

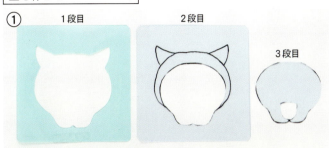

クリアファイルで型を作る。3段目は2段目のくり抜いたパーツを使用。かぶりものがないノーマル猫のみ、耳部分も切り抜いておく。

土台を作る

②

型をガイドにして厚さ5mmずつで3段の土台を作る（P.56参照）。
※見やすくするため、2段目をグレー、3段目を茶色で説明

目をつける

③

アイパーツを接着し（P.57参照）、わたわたを刺しつけておでこに厚みをつけ、全体の形を整える。

全体を着色（ノーマル）

④

それぞれの柄に着色する（P.32参照）。
※ノーマルの着色はP.43のサバ柄参照

ライオン

⑤

顔が完成したら本体周りに植毛ストレートを1束7cmくらいで植毛する（P.51参照）。たてがみにみえるようトリミングする。

ウサギ

⑥

段差

かぶりものは顔との段差を作るように刺しながら着色する。ウサギ耳を作ったら、型を外して刺して接着する（P.47参照）。※縫いつけてもよい。

雷

⑦

角を2本作ったら、型を外して頭部に刺して接着する（P.36参照）※縫いつけてもよい。フェルティングヤーンループを頭部に植毛する（P.39参照）。

※作品を作り終えたら、ブローチ加工する（P.33参照）。

Type 3

メンフクロウ（ふっくら、ほっそり） 型紙 ▶ 後ろ見返し

材料 ふっくら…Ⓐ　ほっそり…Ⓑ

[頭土台]
- 布フェルト…Ⓐ 8×5cm 2枚
　　　　　　…Ⓑ 8×4cm 2枚
- ハマナカニードルわたわた
　　　　…Ⓐ 10×15cm
　　　　…Ⓑ 10×10cm

[アイパーツ]
ソリッドアイ　黒（6mm）…各2個

[着色]
- ハマナカフェルト羊毛ソリッド
　黒（009）…極少量
- ナチュラルブレンド
　オフ白（801）…Ⓐ 10cmを½束
　　　　　　　…Ⓑ 5cmを½束
　薄茶（807）…少量
　ピンク（814）…極少量
- ミックス
　茶（212）…少量

ふっくら

ほっそり

作り方

型を作る

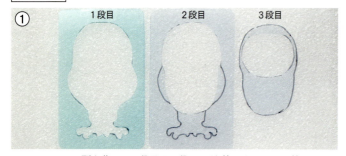

① クリアファイルで型を作る。3段目は2段目のくり抜いたパーツを使用。

土台を作る ─ 1段目 ─── 2段目

② 1段目を布フェルトに固定する。フェルティングマットの上に置き、わたわたで厚さ5mmの土台を作る。

③ ②に2段目の型をあて、羽と足を除いた部分に厚さ1cmでわたを刺す。
※見やすくするため、2段目を茶色で説明

Type 3 3段土台

3段目

④

③に3段目の型をあて、顔部分に厚さ1cmでわたわたを刺す。
※見やすくするため、3段目をグレーで説明

⑤

3段の土台を作ったところ。

⑥ ふっくら　ほっそり

(横、上からの写真)ふっくらとほっそりの土台。ほっそりタイプは顔の中央が高くなるように立体的に作る。

鼻・くちばしをつける

⑦

顔の中央に巻いたわたわたを刺しつけて、鼻・くちばしを作る。
※見やすくするため、グレーで説明

目をつける

⑧

アイパーツをつけて、目が飛び出してみえないように、わたわたを足して不自然な段差を埋める(P.57参照)。

着色

⑨

正面、横顔どちらからもよく見て、形を整えながら着色する。羽の先、顔周りは濃いめに着色する。目頭や目尻に(黒)を刺しつけて目の形を整える(P.46参照)。ブローチ加工して完成(P.33参照)。

ブローチ加工

Type 3

トラ 型紙 ▶ 後ろ見返し

材料

[土台]
- 布フェルト…8×8cm 2枚
- ハマナカニードルわたわた…15×15cm

[アイパーツ]
- クリスタルアイ ゴールド（6mm）…2個

[着色]
- ハマナカフェルト羊毛ソリッド
  白（001）…10cmを½束
  黒（009）…5cmを½束
- ナチュラルブレンド
  薄茶（807）…5cmを½束
  黄（832）…5cmを½束
  茶（808）…少量
  ピンク（814）…少量

[耳]
- ハマナカフェルト羊毛ソリッド
  白（001）…少量（耳内側・耳後ろ斑点）
  白（001）…2cm分を少量（耳内側植毛）
  黒（009）…少量（耳後ろ）
- ナチュラルブレンド
  薄茶（807）…少量（耳）
  黄（832）…少量（耳）
  茶（808）…少量（耳）

[たてがみ植毛]
- ハマナカフェルト羊毛ソリッド
  白（001）…6cmを½束

作り方

型を作る

① 1段目 / 2段目 / 3段目

クリアファイルで型を作る。

土台を作る 1段目 ▶ 2段目 ▶

② 1段目の型を布フェルトに固定し、わたわたを厚さ5mmで刺しつける（P.32参照）。

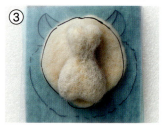

③ 2段目の型をあて、厚さ1cmでわたわたを刺しつける。
※見やすくするため、2段目をグレーで説明

Type 3
3段土台

――――3段目――――→

④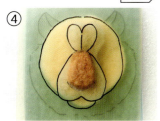

3段目の型をあて、厚さ1cmでわたわたを刺しつける。
※見やすくするため、3段目を茶色で説明

⑤

アゴ下に丸めたわたわたを刺しつける。
※見やすくするため、アゴ下部分も茶色で説明

目をつける・肉付け

⑥

型紙を参考に目の位置を決め接着する(P.57参照)。わたわたを足し、段差無く自然な形になるよう刺し固める。

着色 ――模様以外→

⑦

全体を(白)で着色し、アゴ下を(白+黒)、鼻を(ピンク)で着色をする。その上に(薄茶+茶+黄)を重ねて着色する。

――――模様→

⑧

鼻(ピンク)上の濃い部分(薄茶+黒+黄)、目の下(白)、アイライン・口・縞柄を(黒)で着色する。
※下頬の縞柄はまだ入れない。

耳の接着

⑨

耳の裏側

耳を作り、刺しつけて接着する(P.47参照)。耳の中に(白)を植毛する(P.53参照)。型を後ろから外す。

たてがみの植毛

⑩

たてがみは(白)を3cmにカットした毛束で植毛する(P.51参照)。根元を少し刺し固め、その上から⑧で残しておいた下頬の縞柄(黒)を着色する。ブローチ加工して(P.33参照)、たてがみはバランスをみてトリミングする。

仕上げ

Type 3
くわえ猫（頭・おやつ分割タイプ）

`作り方` `型 紙` ▶ 前見返し `類似作品` P.22『豊満猫』

土台を作る

①

3段の土台を作り（P.56参照）アイパーツを接着する（P.57参照）。さらにわたわたを刺しつけて全体の形を整える。
※見やすくするため、2段目を茶色、3段目をグレーで説明

着色

②

全体を（白）→鼻と耳、アイラインを（ピンク）で着色（P.32参照）。鼻の下をニードルで刺しつけて溝を作る。

ブローチ加工

③

ブローチ加工する（P.33参照）。

くわえパーツを作る

④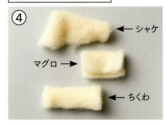

← シャケ
マグロ →
← ちくわ

型紙を参考に土台をわたわたで作る。シャケ、マグロは折りたたみ、ちくわは巻いてから刺し固めると形を作りやすい。

⑤

シャケとマグロは厚み約1cm弱で作る。ちくわはくわえやすいように少し平べったくし、両端を刺して穴のくぼみを作っておく。

⑥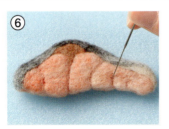

シャケは着色後、ニードルで刺してスジをつける。

⑦

写真を参考に着色する。布フェルトを接着しないでブローチ加工するので、裏面も着色する。マグロはピンク着色後によった（白）でスジをつける。

ブローチ加工

⑧

ブローチピンはテグスで縫いつける。抜けにくくするためテグスは表側まで通す。※穴やテグスが目立つ場合は同色の毛をかぶせて刺しなじませる。

材料

共通材料…★　マグロ…マ　シャケ…シ　ちくわ…ち

[猫土台]
- 布フェルト…7×7cm 2枚
- ハマナカニードルわたわた…10×10cm

[猫着色]
- ハマナカフェルト羊毛ソリッド
  白（001）…10cmを½束
- ナチュラルブレンド
  ピンク（814）…少々

[アイパーツ] ※目の色は好みで選ぶ
- キャッツアイ　イエロー、ブルー、グリーン（9mm）…各2個

[食べ物土台]
ハマナカニードルわたわた…マ5×5cm、シ10×5cm、ち8×7cm

[食べ物着色]
- ハマナカフェルト羊毛ソリッド
  ★白（001）…少量
  シオレンジ（016）…5cmを½束
  シピンク（022）…少量
- ミックス
  マ濃ピンク（202）…少量

- ナチュラルブレンド
  マピンク（814）…5cmを½束
  シ茶（803）…少量
  シ濃グレー（806）…5cmを½束
  ち薄茶（807）…5cmを½束
  ち茶（809）…少量

Type 3
3段土台

〈作品別 材料と作り方〉

Type 1
ブルテリア　型紙 ▶P.72　※手順P.32参照

材料

[土台]
- 布フェルト…8×5cm 2枚
- ハマナカニードルわたわた…10×5cm

[着色]
- ハマナカフェルト羊毛ソリッド
  白（001）…5cmを½束
  黒（009）…少量
- ナチュラルブレンド
  ピンク（814）…極少量（耳、血色用）

[舌]
- ナチュラルブレンド
  ピンク（814）…少量

作り方
P.32、33のオールプロセスカットを参照。

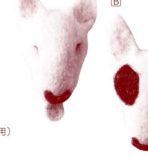
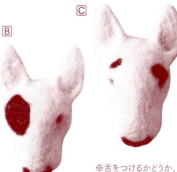

※舌をつけるかどうか、柄はお好みで

Type 1

ペンギン親 型紙 ▶P.72

類似作品 P.11『ウシ』、『ブタ』

材料

[土台]
- 布フェルト…7×6cm 2枚
- ハマナカニードルわたわた…10×6cm

[アイパーツ]
- ビーズ 黒(1mm)…各1個

[着色(1羽分)]
- ハマナカフェルト羊毛ソリッド
  白(001)…5cmを½束
  黒(009)…3cmを½束
- ナチュラルブレンド
  ピンク(814)…極少量

[羽]
- ハマナカフェルト羊毛ソリッド
  白(001)…極少量(柄)
  黒(009)…少量(本体)

作り方

①型を作り、わたわたを刺し固めて厚さ5mmの土台を作る(P.32参照)。手前にくる足は厚くして立体感を出す。
②全体を(白)で着色、くちばし、足(ピンク+黒)→柄(黒)を着色(P.32参照)。
③目にビーズを縫いつけ、周囲によった(白)でアイライン着色する。
④羽を作り刺しつけて接着する(P.47参照)。縫いつけてもよい。
⑤もう1枚の布フェルトにブローチピンを取り付け、本体裏の布フェルトに接着し、余分なフェルトをカットして整えて完成(P.33参照)。

Type 1

ペンギン ヒナ 型紙 ▶P.73

類似作品 P.8『セキセイインコ』

材料

[土台]
- 布フェルト…6×4cm 2枚
- ハマナカニードルわたわた…5×5cm

[アイパーツ]
- ビーズ 黒(1mm)…各1個

[頭の着色]
- ハマナカフェルト羊毛ソリッド
  白(001)…極少量
  黒(009)…極少量
- ナチュラルブレンド
  ピンク(814)…極少量

[羽]
- ハマナカフェルト羊毛ソリッド
  グレー(054)…少量

[体の植毛]
- ハマナカフェルト羊毛ソリッド
  グレー(054)…4cmを½束

作り方

①型を作り、わたわたを刺し固めて厚さ5mmの土台を作る(P.32参照)。
②頭部を着色(P.32参照)、目にビーズを縫いつける。
③羽を作り、刺しつけて接着する(P.33参照)。縫いつけてもよい。
④胴体を2cmにカットした(グレー)、お尻部分は(黒)で植毛する(P.53参照)。植毛したらトリミングして整える。
⑤もう1枚の布フェルトにブローチピンを取り付け、本体裏の布フェルトに接着し、余分なフェルトをカットして整えて完成(P.33参照)。

> **Memo**
> 型を反転させれば、違う向きで作ることができます。

Type 1

セキセイインコ、オカメインコ

型紙 ▶P.73　※手順P.36参照　**類似作品** P.11『ウシ』、『ブタ』

材料　共通材料…★

[土台]
布フェルト…5×5cm 2枚　─┐
ハマナカニードルわたわた…10×5cm　─┤★
[アイパーツ]・ソリッドアイ　黒（4mm）…各2個　─┤
[飾り]・ベビーリング…各1個　─┘

● 1色インコ、2色インコ
[くちばし・鼻]
・ハマナカフェルト羊毛ソリッド
　水色（007）…少量（鼻）
　黒（009）…極少量（鼻の穴）
　薄黄（021）…少量（くちばし）
[植毛]
・ハマナカフェルト羊毛ソリッド
　白（001）…16cmを½束（1色）、8cmを½束（2色）
　黄（035）…16cmを½束（1色）、8cmを½束（2色）
　黒（009）…2cmを½束（頬の柄）

● オカメインコ
[くちばし・鼻など]
・ハマナカフェルト羊毛ソリッド
　ピンク（022）…少量（鼻・くちばし）
　黒（009）…極少量（鼻の穴）
　グレー（054）…極少量（目周りの着色）
[植毛]
・ハマナカフェルト羊毛ソリッド
　黄（035）…16cmを½束
　黄（035）…少量（冠羽用、長さ6cm）
　オレンジ（016）…2cmを½束（頬の柄）

作り方
P.36、37のオールプロセスカットを参照。

Type 1

スズメ

型紙 ▶P.73　**類似作品** P.8『セキセイインコ』、P.7『ペンギンヒナ』

材料

[土台]
・布フェルト…6×6cm 2枚
・ハマナカニードルわたわた…10×7cm
[アイパーツ]
・ビーズ　グレー（2mm）…2個
[頭の着色]
・ハマナカフェルト羊毛ソリッド
　黒（009）…少量
・ナチュラルブレンド
　オフ白（802）…少量
　茶（804）…少量

[くちばし]
・ナチュラルブレンド
　濃グレー（806）…少量
[体の植毛]
・ナチュラルブレンド
　オフ白（802）…18cmを½束

作り方
①型を作り、わたわたを刺し固めて半球状の土台を作る（P.36参照）。
②頭部を（オフ白）と（茶色）で着色、その上から（黒）で目の周りの柄を着色（P.32参照）。
③目にビーズを縫いつけ、くちばしを（濃グレー）で作り刺しつけて接着する（P.36参照）。縫いつけてもよい。
④胴体を3cmにカットした（オフ白）で植毛する（P.37参照）。植毛したらトリミングして整える。
⑤もう1枚の布フェルトにブローチピンを取り付け、本体裏の布フェルトに接着し、余分なフェルトをカットして整えて完成（P.33参照）。

Type 1
ウシ
型紙 ▶P.74　類似作品 P.7『ペンギン親』、P.11『ブタ』

材料
[土台]
- 布フェルト…8×8cm 2枚
- ハマナカニードルわたわた…5×10cm

[着色]
- ハマナカフェルト羊毛ソリッド
  - 白（001）…5cmを½束
  - 黒（009）…5cmを½束
- ナチュラルブレンド
  - ピンク（814）…極少量

[アイパーツ]
- ソリッドアイ　黒（4mm）…2個

[飾り]
- 丸カン 10mm…2個
- チェーン 8cm

作り方
①型を作り、わたわたを刺し固めて厚さ5mmの土台を作る（P.32参照）。耳は薄くする。アイパーツを接着し、目周りにわたわたを足し、形を整える（P.57参照）。
②顔（白）、鼻周り（ピンク）、耳（ピンク＋黒）→柄、耳（黒）→白目（白）の順で着色する。
③ニードルを刺してくぼみを作り鼻の穴を作る。
④もう1枚の布フェルトにブローチピンを取り付け、本体裏の布フェルトに接着し、余分なフェルトをカットして整える。好みで丸カンやチェーンをつけて完成。

Type 1
ヒツジ
型紙 ▶P.75　※手順P.38参照

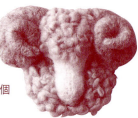

材料
[土台]
- 布フェルト…7×7cm
- ハマナカニードルわたわた…10×5cm

[着色]
- ハマナカフェルト羊毛ソリッド
  - 白（001）…5cmを1/2束
- ナチュラルブレンド
  - ピンク（814）…少量

[毛の植毛]
- カラースカード
  - グレー（616）…5g※

（注：細切れの毛糸のようにつぶつぶした形状で長さでは計れないためグラム表記）

[角土台]
- モール 15cm…2本
- ハマナカニードルわたわた…10×10cm

[角着色]
- ミックス
  - 薄茶（211）…10cmを½束

[アイパーツ]
ビーズ　黄色（6mm）…2個

作り方
P.38、39のオールプロセスカットを参照。

Type 2
プードル（頭・体分割タイプ）　型紙 ▶P.76　※手順P.44参照

| 材料 | 共通材料…★　白プードル…白　茶プードル…茶　黒プードル…黒 |

[土台]
- ★布フェルト…（頭）7×7cm 2枚
　　　　　　　　（体）9×8cm 2枚
- ★ハマナカニードルわたわた
　　…（頭）（体）各10×10cm

[アイパーツ]
- ★ソリッドアイ　黒（8mm）…各2個

[鼻パーツ]
- ★ドッグノーズ黒or茶 10mm…各1個

[着色]
- ハマナカフェルト羊毛ソリッド
　黒（009）…極少量
- ハマナカ植毛カール
　各色…30cm（顔まわりの着色用）

[舌]
- ナチュラルブレンド
　ピンク（814）…少量

[毛の植毛]
- ハマナカ植毛カール
  - 白 ホワイト（521）…250cm（頭）、28cm（マズル）、150cm（体）
  - 茶 レッド（523）…250cm（頭）、28cm（マズル）、150cm（体）
  - 黒 アイボリーブラック（526）…250cm（頭）、28cm（マズル）、150cm（体）

作り方
P.44、45のオールプロセスカットを参照。

Type 2
マヌル猫（頭・体分割タイプ）　型紙 ▶P.79　※手順P.50参照

類似作品　P.18『長毛猫』

[材料]
[土台]
- 布フェルト…（頭）6×7cm 2枚
　　　　　　（体）9×13cm 2枚
- ハマナカニードルわたわた
　…（頭）5×10cm、（体）10×15cm

[アイパーツ]
- ビーズ　黒（1mm）…2個

作り方
P.50～53のオールプロセスカットを参照。

[顔下地着色]
- ミックス
　グレー（210）…3cmを1/2束
　薄茶（211）…少量
　茶（212）…少量

[目・鼻・柄の着色]
- ハマナカフェルト羊毛ソリッド
　白（001）…少量（目周り）
　黒（009）…極少量（鼻・目周り・毛穴）
　黄色（035）…極少量（目）
- ナチュラルブレンド
　ピンク（814）…極少量（鼻）

[耳]
- ミックス
　グレー（210）…少量
　茶（212）…少量

[舌]
- ナチュラルブレンド
　ピンク（814）…少量

[毛の植毛]
- ハマナカフェルト羊毛ソリッド
　白（001）…10cmを½束（頭）
　黒（009）…5cmを½束（頭）
　　　　　　6cmを½束（体）
- ミックス
　グレー（210）…10cmを½束（頭）
　　　　　　　　30cmを½束（体）
　茶（212）…5cmを½束（頭）
　　　　　　9cmを½束（体）

Type 2

長毛猫（頭・体分割タイプ）

型紙 ▶P.78　類似作品 P.19『マヌル猫』

材料　共通材料…★

[土台]
- ★布フェルト…7×7cm2枚 ─┐
- ★ハマナカニードルわたわた…10×10cm ─┘ 上半身
- ★布フェルト…7×8cm2枚 ─┐
- ★ハマナカニードルわたわた…10×15cm ─┘ 下半身

[アイパーツ]
- ヒ キャッツアイ　ブルーパール（7.5mm）…2個
- サ クリスタルアイ　ゴールド（7.5mm）…2個

● ヒマラヤン

[頭着色]
- ハマナカフェルト羊毛ソリッド
  茶（030）…少量（マズル・アゴ）
  黒（009）…極少量（鼻・アイライン）

[耳]
- ハマナカフェルト羊毛ソリッド
  茶（030）…少量

[下半身着色]
- ハマナカフェルト羊毛ソリッド
  茶（030）…5cmを½束

[植毛]
- ハマナカフェルト羊毛ソリッド
  白（001）…20cmを½束（上半身・顔）
  白（001）…16cmを½束（下半身）

作り方　※基本は『マヌルネコ』と同じ。相違点のみ下記参照。

①頭は2段の土台を作る。1段目（5mm）、2段目（5mm）。
②①に丸めたわたわたを刺しつけて、マズル＋アゴを作り、着色する。鼻も作る（P.50）。目（P.36）、耳（P.47）を接着する。よった（黒）を刺しつけてアイラインを作る。
③まずは上半身の寝かせ植毛（P.51参照）をする。毛は1束5cmずつ 。サビは色を混ぜた毛を植える。
④上半身の植毛をしたら、顔も植毛する（P.51参照）。下半身の植毛は1束4cmずつの寝かせ植毛 **b**。

● サビ猫

[頭着色]
- ハマナカフェルト羊毛ソリッド
  黒（009）…極少量（鼻・アイライン）
- ハマナカ植毛ストレート
  アプリコット（552）…少量（マズル・アゴ）
  レッド（553）…少量（マズル・アゴ）
  アイボリーブラック（556）…少量（マズル・アゴ）

[耳]　※3色混ぜたもので耳を作る。
- ハマナカ植毛ストレート
  アプリコット（552）…少量
  レッド（553）…少量
  アイボリーブラック（556）…少量

[下半身着色]　※3色混ぜたもので着色する。
- ハマナカ植毛ストレート
  アプリコット（552）…少量
  レッド（553）…少量
  アイボリーブラック（556）…少量

[植毛]
- ハマナカ植毛ストレート
  アプリコット（552）…………10cmを½束（上半身・顔）
  　　　　　　　　　　　　　　8cmを½束（下半身）
  レッド（553）…………………5cmを½束（上半身・顔）
  　　　　　　　　　　　　　　4cmを½束（下半身）
  アイボリーブラック（556）……5cmを½束（上半身・顔）
  　　　　　　　　　　　　　　4cmを½束（下半身）

ヒマラヤン

サビ猫

＼ Point ／

3段階に分けて植毛する。

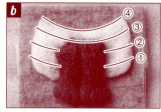

4段階に分けて植毛する。

Type 3
豊満猫　型紙 ▶ 前見返し　※手順P.56参照

材 料

[土台]
- 布フェルト…8×8cm 2枚
- ハマナカニードルわたわた…10×15cm

[着色]
- ハマナカフェルト羊毛ソリッド
  白(001)…10cmを½束
  黒(009)…5cmを½束
- ナチュラルブレンド
  ピンク(814)…少量

[舌]
- ナチュラルブレンド
  ピンク(814)…少量

[アイパーツ]
Ⓐキャッツアイ　ゴールド(7.5mm)…1個
Ⓒクリスタルアイ　ゴールド(7.5mm)…2個

[飾り]
- プリーツレース…10cm

作り方
P.56、57のオールプロセスカットを参照。

Ⓐ　Ⓑ　Ⓒ

Memo
キャッツアイではなく、丸い目のアイパーツを使うとびっくり顔を作ることができます。

Type 3
フレンチブルドッグ　型紙 ▶ 前見返し　※手順P.54参照
類似作品 P.17『パグ』

材 料

[頭土台]
- 布フェルト…7×7cm 2枚
- ハマナカニードルわたわた…10×15cm

[着色]
- ハマナカフェルト羊毛ソリッド
  白(001)…15cmを½束
  黒(009)…少量
- ナチュラルブレンド
  ピンク(814)…少量

[舌]
- ナチュラルブレンド
  ピンク(814)…少量

[アイパーツ]
- ソリッドアイ　黒(6mm)…2個

[飾り]
- 糸でできたチェーン…約8cm

作り方
P.54、55のオールプロセスカットを参照。

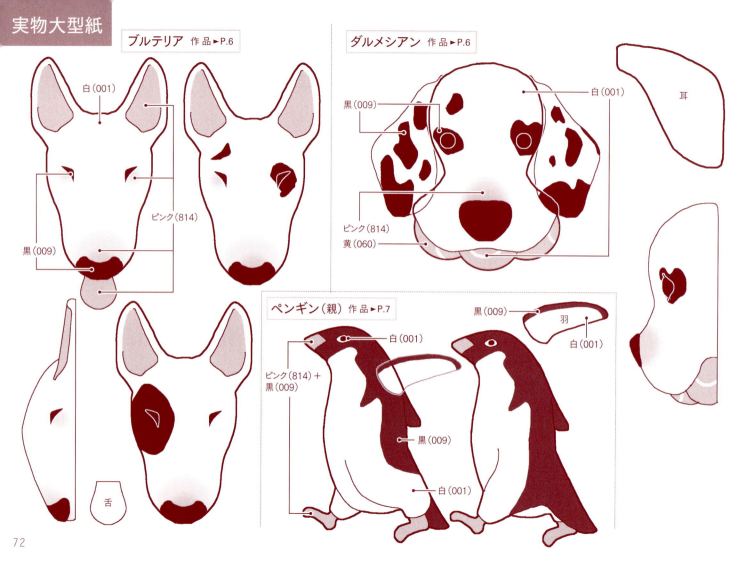

セキセイインコ 作品 ▶ P.8

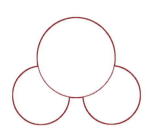

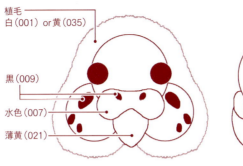

- 植毛 白(001) or 黄(035)
- 黒(009)
- 水色(007)
- 薄黄(021)

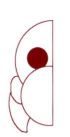

スズメ 作品 ▶ P.9

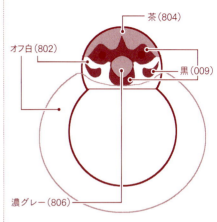

- 茶(804)
- オフ白(802)
- 黒(009)
- 濃グレー(806)

(ヒナ) 作品 ▶ P.7

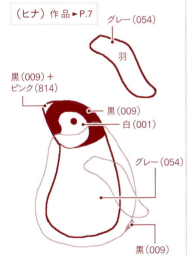

- グレー(054) 羽
- 黒(009)＋ピンク(814)
- 黒(009)
- 白(001)
- グレー(054)
- 黒(009)

オカメインコ 作品 ▶ P.8

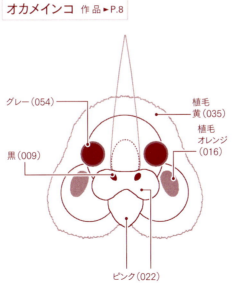

- グレー(054)
- 植毛 黄(035)
- 植毛 オレンジ(016)
- 黒(009)
- ピンク(022)

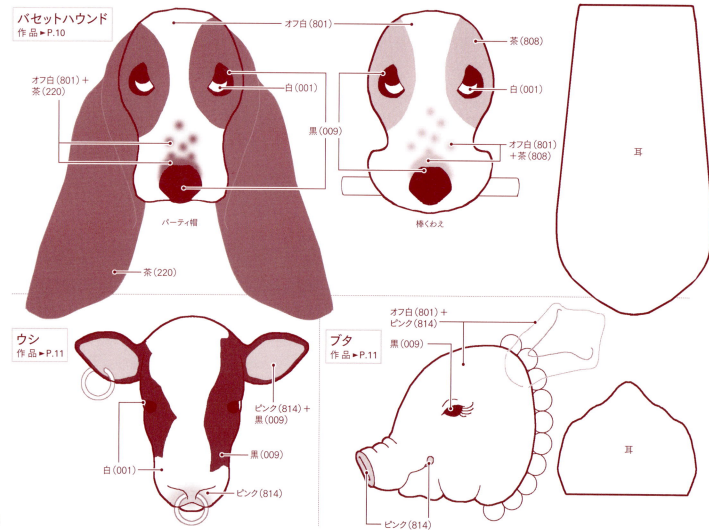

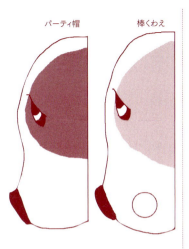

パーティ帽　棒くわえ

ヒツジ 作品▶P.12

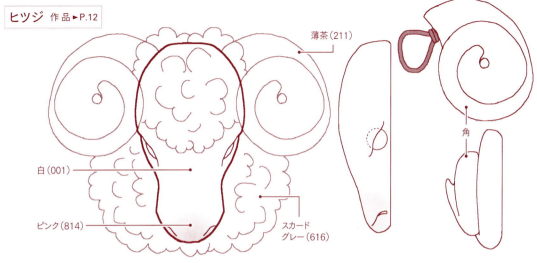

薄茶(211)
白(001)
ピンク(814)
スカードグレー(616)
角

平面猫 作品▶P.13

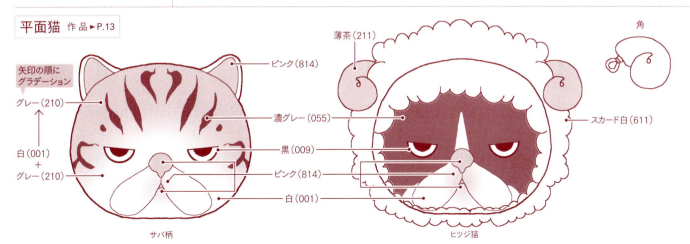

矢印の順にグラデーション
グレー(210)
↑
白(001)
＋
グレー(210)

ピンク(814)
濃グレー(055)
黒(009)
ピンク(814)
白(001)

薄茶(211)
スカード白(611)
角

サバ柄　　ヒツジ猫

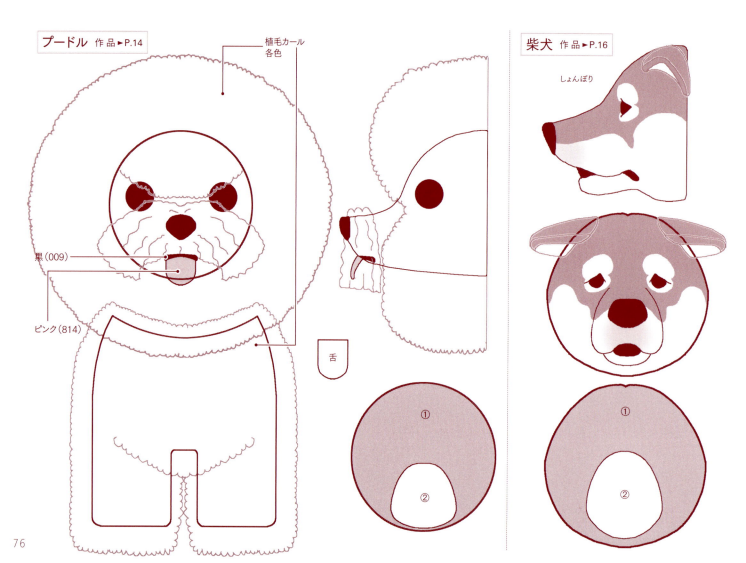

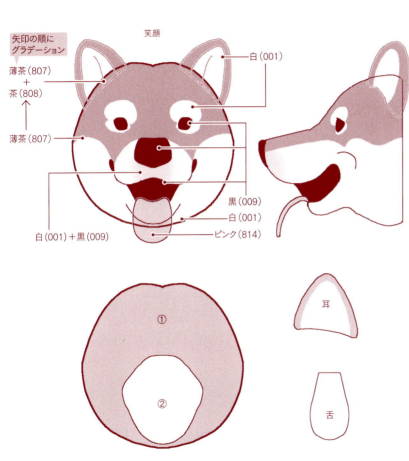
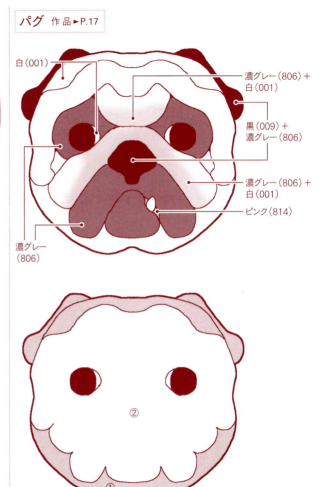

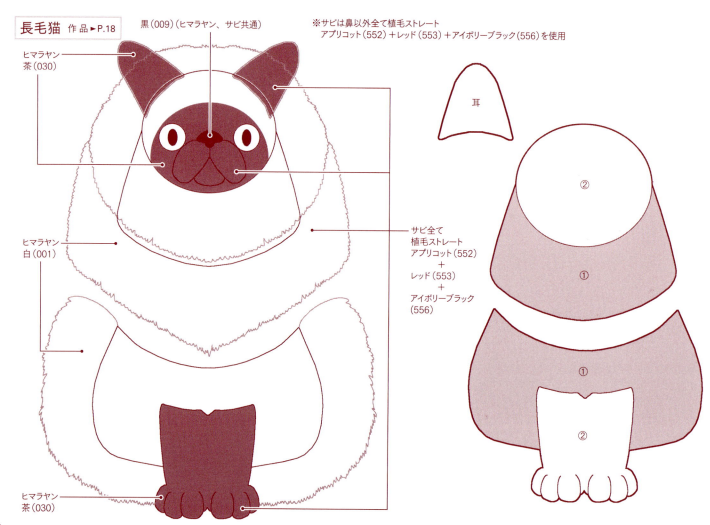

マヌル猫 作品▶P.19 ※植毛前の顔の着色はP.50参照

- グレー(210)＋茶(212)
- 白(001)
- 耳
- 舌
- 黒(009)
- 薄茶(211)＋グレー(210)
- ピンク(814)
- 白(001)＋茶(212)
- 黄(035)
- グレー(210)＋茶(212)
- 黒(009)

クリアファイルの切り抜き型で作る
羊毛フェルト動物ブローチ

2018年8月30日　第1刷発行
2024年5月7日　第2刷発行

著　者　のそ子
発行者　清田則子
発行所　株式会社講談社
　　　　〒112-8001　東京都文京区音羽2-12-21
　　　　販売　TEL03-5395-3606
　　　　業務　TEL03-5395-3615
編　集　株式会社 講談社エディトリアル
代　表　堺　公江
　　　　〒112-0013　東京都文京区音羽1-17-18
　　　　護国寺SIAビル6F
　　　　編集部　TEL03-5319-2171
印刷所　TOPPAN株式会社
製本所　大口製本印刷株式会社

定価はカバーに表示してあります。
本書のコピー、スキャン、デジタル化等の無断複製は著作権法上での例外を除き禁じられております。
本書を代行業者等の第三者に依頼してスキャンやデジタル化することは
たとえ個人や家庭内の利用でも著作権法違反です。
落丁本・乱丁本は、購入書店名を明記の上、講談社業務あてにお送りください。
送料小社負担にてお取り替えいたします。
なお、この本についてのお問い合わせは、講談社エディトリアルあてにお願いいたします。

©Nosoko 2018 Printed in Japan
N.D.C.594 79p 15cm ISBN978-4-06-220856-7

profile
のそ子

羊毛フェルト作家。主に動物モチーフを製作。各種イベント参加、番組出演、ワークショップを開催。著書に『羊毛フェルトの動物ブローチ』（文化出版局）がある。

※本書で紹介した作品の全部または一部を商品化、複製頒布、及びコンクールの応募作品として出品することを禁じます。

●**資材協力**
ハマナカ株式会社
http://hamanaka.co.jp/
TEL 075-463-5151（代）

●**STAFF**
撮影：伊藤泰寛（講談社写真部）
デザイン：田中小百合（オスズデザイン）

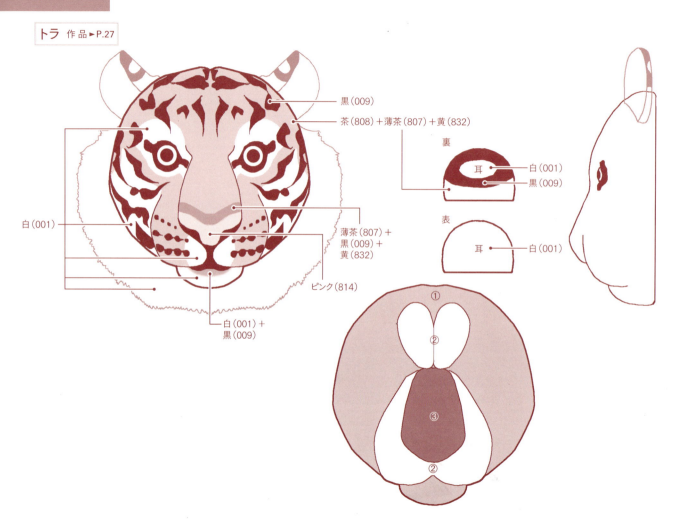